北京市优秀人才培养资助

北京电子科技职业学院"双高计划"资助

京津冀协同发展下高职院校
实训教育资源共享研究

孔祥铭　　王冬琳　　著

九州出版社
JIUZHOUPRESS

图书在版编目（CIP）数据

京津冀协同发展下高职院校实训教育资源共享研究 /
孔祥铭，王冬琳著 . --北京 ：九州出版社，2020.8

　ISBN 978-7-5108-9315-5

　Ⅰ.①京… Ⅱ.①孔…②王… Ⅲ.①高等职业教育
—教育实习—教育资源—资源共享—研究—华北地区
Ⅳ.①G718.5

中国版本图书馆 CIP 数据核字（2020）第 129821 号

京津冀协同发展下高职院校实训教育资源共享研究

作　　者	孔祥铭　王冬琳　著
出版发行	九州出版社
地　　址	北京市西城区阜外大街甲 35 号（100037）
发行电话	（010）68992190/3/5/6
网　　址	www.jiuzhoupress.com
电子信箱	jiuzhou@jiuzhoupress.com
印　　刷	天津雅泽印刷有限公司
开　　本	710 毫米×1000 毫米　32 开
印　　张	3
字　　数	50 千字
版　　次	2020 年 9 月第 1 版
印　　次	2020 年 9 月第 1 次印刷
书　　号	ISBN 978-7-5108-9315-5
定　　价	28.00 元

前 言

京津冀协同发展战略的实施为京津冀职业教育一体化的实现与发展提供了前所未有的机遇。高职院校的培养目标是具备一定素质的技术技能型专业人才，实训教育是学生技能学习、锻炼、考核的重要途径，实训教育资源的共享和配置对于推动实践教学改革与提升人才培养质量具有非常重要的作用。因此，研究京津冀协同发展下高职院校实训教育资源共享就具有较大的理论和现实意义。

本专著依托北京市优秀人才培养资助青年骨干个人项目《京津冀协同发展下高职院校实训教育资源共享机制与评价模型研究》（项目编号2017000020124G179）和北京电子科技职业学院"双高计划"科研攻关项目《应用数学若干问题研究》（项目编号CJGX2020－021），是北

1

京电子科技职业学院孔祥铭和王冬琳近年来的科研成果的归纳和总结。全书共分 6 章，第 1 章为概念界定与理论基础；第 2 章利用 SWOT 方法分析了京津冀高职院校实训教育资源共享的优势、劣势、机会和威胁，并给出了京津冀协同发展下实训教育资源的共享策略；第 3 章和第 4 章分别研究了京津冀高职院校实训教育资源的共享模式和共享机制；第 5 章研究了联合概率约束规划模型、基于 Copula 的随机规划模型和基于最大熵——Copula 的随机规划模型，并将这三种随机规划模型应用于不确定性条件下高职院校实训教育资源优化配置。第 6 章介绍了区块链技术，并将其应用于共享平台建设，设计了基于区块链的京津冀高职院校实训教育资源共享平台。

作者的研究工作范围有限，书中如有疏漏不妥之处，真诚地欢迎各位专家和读者批评指正，不胜感激。

| 目　录 |

第1章 概念界定与理论基础

1.1 跨区域共享

跨区域共享是指实训教育资源不仅满足本校使用，也提供给同区域和跨区域的兄弟院校、同行业的企业共享使用。即在实训教育资源的建设和使用阶段考虑到在同区域和跨区域相关专业的共享。

1.2 高等职业教育

"高等职业教育"由"高等"和"职业教育"两个概念复合而成。高等职业教育包括高等职业学校的学历教育和较高层次职业技术人才的职业培训。高等职业教育的目的是使求学者获得某一特定职业或职业群所需的实际实践能力，与其他教育形式进行相比，更加侧重于对学生实践技能和实际工作能力的培养。

1.3　实训教育资源

教育资源是指实现教育活动开展所必需的人力、物力、财力、信息技术、机制资源的总和。实训教育资源是为满足实训教育的需要、保证实训教育工作的顺利实施的各种资源要素的总和。高职院校实训教育资源不仅包括直接投入的人力、物力、财力等常规性资源，而且包括开展高等职业教育活动所必不可少的人口基础、经济基础等条件性资源和成果资源、品牌资源等异质性资源。

1.4　资源配置

资源是指在一定条件下，可以产生经济、社会价值，为人类的生存和发展带来福利的因素和条件。资源包括自然资源和社会资源，具有稀缺性。人类社会发展始终伴随着对资源需求的永不满足与资源本身的有限性之间的矛盾，资源的优化配置是解决这一问题的有效手段，因此资源配置问题一直都是专家学者们研究的重要内容。资源配置是以稀缺性为基础，将各种人力、物力、财力等资源在不同的使用方向之间进行合理分配，其最终目的是通过资源配置来满足不断增长的需求。

第2章 京津冀高职院校实训教育资源共享的 SWOT 分析

2.1 引 言

京津冀协同发展战略对京津冀地区高职院校教育资源总量和配置影响较大。《北京市人民政府关于加快发展现代职业教育的实施意见》对此有明确的要求，在未来京津冀地区职业教育发展中，"整合优化职业教育资源""推动京津冀职业教育协同发展"等问题成为重点的研究内容。同时，高职院校的目标是培养高素质技术技能型人才，实训基地正是培养学生生产、管理、技能等能力的重要场所。因此，协同政府、企业、学校实现京津冀地区实训教育资源的共享具有重要的意义。

SWOT 分析是现一种常见的战略分析方法，通过被分析对象内部条件和外部环境的优势（Strength）、劣势（Weakness）、机会（Opportunity）和威胁（Threat）几个方面的分析，了解被分析对象面临的机遇和挑战，提出相应的策略。本章研究京津冀协同发展下高职院校实训教育资源共享的 SWOT 分析，旨在直观地呈现实训教育资源共享过程中的新情况，揭示其新问题，并给出相应的策略和解决方案，框架思路如图 2-1 所示。

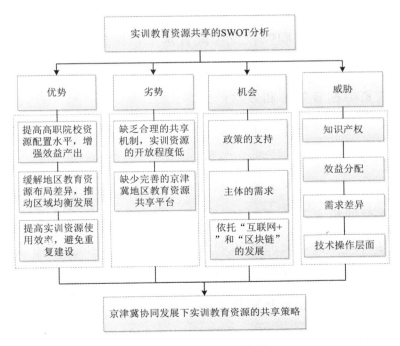

图 2-1　框架思路图

2.2 实训教育资源共享的 SWOT 分析

2.2.1 优势（Strength）

（1）提高高职院校资源配置水平，增强效益产出

学校的效益产出包括经济效益、科技效益和社会效益产出。对京津冀地区高职院校的实训教育资源进行共享，实现高职院校实训教育资源的优化配置，可以有效提高高职院校资源配置水平，保持高职院校经济效益、科技效益和社会效益相统一，进一步增强教育资源配置效率和效益产出。

（2）缓解地区教育资源布局差异，推动区域均衡发展

京津冀地区教育资源布局不均衡、各地区对职业教育的投入不均等问题，导致北京和天津高职实训教育资源丰富，而河北实训教育资源相对较少。如何缓解京津冀区域间的实训教育资源布局差异，高质量扩大实训教育资源共享覆盖面，推动区域均衡发展，是京津冀地区高职院校实训教育资源共享面临的挑战

之一。

（3）提高实训资源使用效率，避免重复建设

职业教育是与社会联系最紧密的教育方式，必须紧跟时代步伐。随着时代的迅速发展，行业标准变化和设备更新换代的速度都在加快。由于空间、经费等限制，不同的高职院校对于实训实验室的建设能力差异较大，而且每所高职院校不可能都随时更新设备来辅助教学。只有通过各高职院校间的校际合作及校企合作，构建实训资源的共建共享平台，才能发挥出高职院校的集体优势，共同构建比较完整的实训资源保障体系。在节省大量的人力、物力、财力的同时，避免同一实训科目资源的重复建设。

2.2.2 劣势（Weakness）

（1）缺乏合理的共享机制，实训资源的开放程度低

目前，京津冀地区高职院校实训资源的开放程度低，各院校间缺乏合理的实训资源共享机制。建立完善的、有效的共享机制，不但可以较好地维护资源共享持续、正常的运行，还能够形成有针对性的监管模

式，不断推动京津冀实训教育资源共享往更好的方向发展。

（2）缺少完善的京津冀地区教育资源共享平台

京津冀地区高职院校间仍缺少完善的教育资源共享平台。只有建立了资源共享平台，才能更好地加强区域高校间的合作交流。而实训教育资源共享平台的建设，不仅能够促进京津冀地区高校与高校之间的交流合作，而且能够深化产教融合、校企合作，真正地实现高职院校服务区域发展的宗旨。

2.2.3 机会（Opportunity）

（1）政策的支持

在 2019 年北京市教委、天津市教委、河北省教育厅联合发布了《京津冀教育协同发展行动计划（2018—2020 年）》，明确提出了"推进三省市职业教育协同发展、提升高等教育资源共享水平"等措施，加快京津冀职业教育融合发展。在 2017 年，天津市教委发布的《京津冀协同发展教育专项规划》中指出，截至 2020 年，天津市教育将全面融入京津冀协同发展；截至 2030 年，京津冀区域教育一体化格局将基本形成。在 2017 年年初，北京、天津、河北三地教育主管部门研究已经开启了通州、武清、廊坊的教育协同发展工作；2019 年北京市教委、廊坊市政府、廊坊市下辖的三河、大广、香河教育主管部门签署的《关于北三县地区教育发展合作协议》中指出，将统筹北京市优质教育资源，在多方面加大合作力度，确保北三县教育发展水平稳步提升。在政策的支持下，京津冀高职院校实训教育资源共享所需的物力、财力、人力资源得到保障，能够更加有效地推动技术技能人才联合培养。

（2）主体的需求

教学资源库的建设始终是国家及省级示范性高等职业院校建设计划的重要任务。而实训教育资源的充足与否也是高职院校教育质量的重要评价指标之一。因此，加强实训教育资源的共享显得十分迫切。

（3）依托"互联网＋"和"区块链"的发展

"互联网＋"是利用信息通信技术以及互联网平台，充分发挥互联网在资源配置中的优势，与各个行业进行深度融合，形成以互联网为基础设施和实现工具的经济发展新形态。在京津冀三地教育呈现阶梯式落差的情况下，"互联网＋"灵活性的特点能够打破学校与区域的界限，共享优质教育资源，在节约成本的同时，满足多元与个性化的教育需求，较好地推动京津冀区域协同发展。

区块链是一种新兴的共享机构架构方法，可以实现对大量的数据与信息资源的管理。通过区块链技术形成的资源与数据虚拟池具有"公开透明""集体维护"等特征，创造了可靠的"合作"机制。目前，各高职院校根据自身的实际情况建立了数字化实训教育资源，由于遵循的规范与标准不同，导致了大量的资源堆积和重复建设。如果京津冀地区高职院校能通过区块链将实训教育资源整合，形成"互联网＋"环境下的区块链实训教育资源共享平台，实现教育资源的云共享与合作，则可避免资源浪费，更好地利用实训资源。

2.2.4 威胁（Threat）

（1）知识产权

知识产权问题一直是网络资源共享难以解决的问题。为了更好地发挥出实训教育资源共享机制与平台的作用，有必要对知识产权、信息服务的权利和义务进行界定。如何协调实训教育资源的开放性与知识产权的排他性之间的矛盾是解决知识产权问题的关键。

（2）效益分配

实训教育资源涉及线上与线下共享，实训设备的损耗、材料的使用、人力资源的配备等都必然存在使用成本与经济收益的问题。如何设定实训资源的共享代价、合理分配实训资源共享所产生的经济效益，都是实训教育资源共享所需要解决的关键问题之一。

（3）需求差异

一方面，由于不同区域的高职院校的教育观念、定位各不相同，同时受自身的规模、类型等方面的影响，高职院校对于实训教育资源共享的需求可能存在较大的差异。另一方面，资源共享的实施主体与接受主体之间需求也存在一定的差异。

（4）技术操作层面

"互联网＋"和区块链是实训教育资源共享的网络建设基础，如何构建稳定、安全、有效的实训教育资源共享平台需要克服互联网、数学、密码学和计算机编程等很多科学技术问题。

2.3 京津冀协同发展下实训 教育资源的共享策略

2.3.1 构建合理的共享模式，加强特色实验室建设

由于京津冀地区高职院校的资源建设规模、资金投入等存在较大差别，为了实现实训教育资源共享，使经济效益、科技效益和社会效益产出最大化，有必要构建合理的共享模式，成立实训教育资源共享协调机构。对各高职院校的实训资源建设重点加以明确，建设具有区域和学校特色的实训实验室，形成一个资源分布合理、结构优化的实训教育资源保障体系，使每所京津冀地区高职院校都能在实训资源共享中占有一席之地。

2.3.2 建立有效的共享机制，加强资源优化配置

完善的共享机制是京津冀教育资源共享长久运行的保障。建立有效的实训教育资源共享机制，从顶层

设计到管理运行机制对京津冀地区高职院校实训教育资源进行整体规划，使得资源共享有理论可依、有机制可循；构建实训教育资源的优化配置模型，从理论基础和实践层面上对教育资源进行更加合理、优化的分配，更好地推进资源共享进程。

2.3.3　设计基于区块链的资源共享平台，加强规范化建设

依托"互联网＋"技术和区块链理念，设计一款基于区块链的实训教育资源共享平台，利用新型的共享基础架构方法，实现京津冀地区高职院校实训教育资源共享。规范化建设是信息交流、共享资源的必备条件。因此，基于区块链的资源共享平台必须加强数据库的标准化和规范化的建设工作，在数据的采集、加工及录入环节都要严格按照平台的标准来执行，从而实现更有效、更广泛的实训教育资源共享。

2.3.4　完善共享监督与评价机制，促进高校共享积极性

针对京津冀地区实训教育资源的共享模式、机制和共享平台，指定相对应的共享监督与评价机制，激

发共享各方合作动力和积极性。一方面，保障实训教育资源建设单位的根本利益；另一方面，鼓励各区域高职院校扬长避短、互通有无，充分发挥各自高职院校的区域与自身的特色优势，建立相应领域的主导地位，合力打造京津冀职业教育一体化。

随着信息技术的不断发展和京津冀区域协同发展的日益深化，以教育信息化带动教育现代化，实现教育资源跨区域共建共享，是京津冀职业教育一体化的重要战略选择。本章节利用 SWOT 方法对京津冀高职院校实训教育资源共享的现状进行分析，要充分利用资源共享的优势，明确其劣势和挑战，抓住政策、高校、"互联网＋"和区块链所带来的机会，构建合理的共享模式、有效的共享机制、安全稳定的共享平台和完善的监督、评价机制，逐步实现京津冀地区实训教育资源的优化配置和合作共赢。

第3章 京津冀高职院校实训教育
资源共享模式

3.1 引 言

模式是主体行为的一般方式，具有一般性、简单性、可操作性等特征。京津冀协同发展下高职院校实训教育资源共享有机遇，也存在一定的挑战。构建科学合理的共享模式能够依托京津冀政府、行业企业和高职院校等优势，探讨实训教育资源的规划整合策略，以满足提升高职院校的效益产出、缓解地区教育资源布局差异、避免实训资源重复建设的目标。因此，本章构建京津冀协同发展下高职院校实训教育资源共享模式，研究思路如图3-1所示。

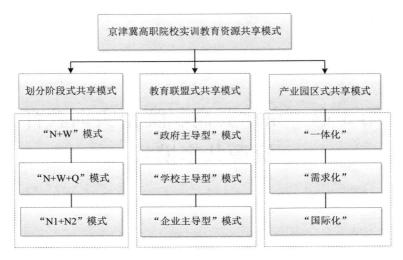

图 3-1　框架思路图

3.2　划分阶段式共享模式

划分阶段式共享模式指的是将学生单得实训过程划分为多个阶段，在不同的学习阶段，由京津冀不同区域的学校或企业以联合培养的形式共同育人。划分阶段式共享模式又可分为"N＋W""N＋W＋Q"和"N1＋N2"三种形式。

3.2.1　"N＋W"模式

"N＋W"模式是指学生在整个职业教育学习期

间，每一年在不同的京津冀行政区域的高职院校进行实训学习，由最后一年承担实训培养的学校安排学生的就业服务等工作。例如，学生第一年的实训教育由天津某高职院校负责，第二年的实训教育由北京某高职院校负责，而后者也负责安排学生就业服务等工作；"N＋W"模式的优点在于针对不同专业每一年的实训主题，能够更加合理地安排实训主题鲜明、实力强的高职院校进行专题培养；以年作为时间单位进行规划也有利于实训教育的完整性，不同行政区域内高职院校的优质实训教育资源可以得到充分的利用，人才培养质量得到更有效的保障。

3.2.2 "N＋W＋Q"模式

"N＋W＋Q"模式是指学校在整个职业教育学习期间，前两年在不同京津冀行政区域的高职院校进行实训学习，第三年在企业进行实训实习并安排就业服务等工作。例如，学生第一年的实训教育由天津某高职院校负责，第二年的实训教育由河北某高职院校负责，第三年的就业服务等工作由北京某企业负责。"N＋W＋Q"模式除了保留"N＋W"模式的优点外，又将不同行政区域的企业引入实训共享模式中，不仅能够让学生更好地适应不同区域的就业环境，还能够提高学生跨区域的就业能力。

3.2.3 "N1＋N2"模式

"N1＋N2"模式是指学生当年的实训学习期间，分模块在不同的京津冀行政区域的高职院校进行实训学习。"N1＋N2"模式可以跟"N＋W"模式相结合，构造"N1＋N2＋W1＋W2"模式。例如，学生第一年第一模块的实训教育由天津某高职院校负责，第一年第二模块的实训教育由北京某高职院校负责，第二年第一模块的实训教育由河北某高职院校负责，第二年第二模块的实训教育由北京某高职院校负责，学生所在院校负责安排就业服务等工作；"N1＋N2"模式可以跟"N＋W＋Q"模式相结合，构造"N1＋N2＋W1＋W2＋Q"模式。例如，学生第一年两个模块的实训教育分别由天津和北京某高职院校负责，第二年两个模块的实训教育分别由河北和天津某高职院校负责，第三年的就业服务等工作由北京某企业负责。"N1＋N2"模式最大的优势在于采用了模块式的实训教学方式，灵活性特别大，不同行政区域的高职院校可以充分依托各自的实训教育资源优势分模块承担学生的培养任务；同时"N1＋N1"模式也可以跟其他实训教育资源共享模式相结合，实现京津冀地区高职院校人才培养过程所需的实训教育资源的共享。

3.3 教育联盟式共享模式

教育联盟式共享模式是指由若干个发展较好的高职院校或企业牵头组成的，以提升实训教育规模和质量为目标，最终实现共同发展的共享模式。教育联盟的成员还可以包括京津冀区域的政府部门、协会和其他教育机构等。按照主导单位的不同可以将教育联盟式共享模式划分为"政府主导型""学校主导型"和"企业主导型"。

3.3.1 "政府主导型"模式

"政府主导型"模式是指以京津冀区域政府为联合管理核心，搭建实训教育资源共享平台并提供后勤保障；以学校和企业为运营主体，合作开发实训基地和课程，培养师资团队；以协会或教育机构为测评反馈中心，及时反馈实训教育效果，评测学生的实训技术技能水平。

3.3.2 "学校主导型"模式

"学校主导型"模式是指以京津冀区域一个或多个高水平高职院校为联合管理核心，在政府的政策支持下，学校间自主搭建共享平台，将企业参与者作为分部，以协会或教育机构为评测反馈中心，实现实训教育资源共享。"学校主导型"模式赋予学校的自主性更强，能够有效地加强京津冀区域高职院校与企业、协会和教育机构之间的实训教育资源共享。

3.3.3 "企业主导型"模式

"企业主导型"模式是借助京津冀区域国内外知名的大中型企业的优势，牵头组建教育联盟。企业按照需求寻找高职院校、协会或教育机构进行合作，实现实训教育资源共享。"企业主导型"模式的优点在于可以针对某一产业，形成特色教育联盟，并由企业提供最先进的实训教育资源和设备，实现面向某一特色产业的人才培养需求。

3.4 产业园区式共享模式

吸引京津冀区域高职院校、科研机构和企业以国家级、省级经济开发区为核心，形成区域"产学研"新格局，推动实训教育资源的整合与共享。一方面，围绕现有的京津冀地区 205 个省级以上开发区（例如北京经济技术开发区、东丽经济技术开发区、天津经济技术开发区等），根据其发展需求和高职院校布局情况，构造以主导产业为特色的实训产业园区；另一方面，发挥北京市的人力资源优势、北京和天津市的职业教育品牌优势、天津市和河北省的土地资源优势，推进新的国家级、省级产业园区建设，打破行政区域限制，对园区的建设方案、产业布局、入驻院校、实训基地建设及配套设施等进行统一的规划和部署，实现京津冀地区实训教育资源共建共享。产业园区式共享模式应遵循"一体化、需求化、国际化"的发展目标。

3.4.1 "一体化"

"一体化"是指产业园区内高职院校、科研机构和企业的实训教育资源应进行一体化规划、建设和管理，深化产教融合、校企一体，从而有效地提高人才培养质量。

3.4.2 "需求化"

"需求化"是指产业园区进行实训教育资源共享，要以行业、产业的需求为导向，推行"订单式"培养。园区内企业参与学校实训教育全过程，并提供部分经费、设备、场地和师资支持；学生在实训学习过程中参与企业新技术、新产品的开发等。"需求化"发展目标可以真正做到按需培养，达到实训教育的真正目的。

3.4.3 "国际化"

"国际化"是指产业园区要积极寻求国际合作，以高端合作项目为支撑培养技术技能人才。特别是在我国"一带一路"倡议的引领下，京津冀地区产业园区更应积极引进发达地区优质实训教育资源，借鉴国际先进的人才培养标准、专业课程体系和教学模式，加快与海外伙伴建立合作关系，拓宽职业教育服务市场，提升京津冀区域产业园区的国际影响力和吸引力。

第4章 京津冀高职院校实训教育资源共享机制

4.1 引 言

　　完善的共享机制是京津冀协同发展下实训教育资源共享长久运行的保障。建立有效的实训教育资源共享机制，从动力机制和运行机制两个方面对京津冀地区高职院校实训教育资源进行整体规划，使得资源共享有理论可依、有机制可循。因此，本章构建了帆船形动力机制模型研究京津冀协同发展下实训教育资源共享的动力机制；在实训教育资源运行机制的分析中，从激励机制、保障机制和监督机制三个方面进行论述，研究思路如图4-1所示。

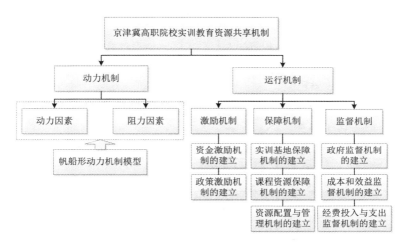

图 4-1　框架思路图

4.2　动力机制

　　帆船形动力机制模型是通过分析某一特定主题的影响因素，从而模拟帆船动力结构的一种研究方法。本小节构建京津冀地区高职院校实训教育资源共享的帆船形动力机制模型，其模型结构如图 4-2 所示。在帆船形动力机制模型中，影响帆船运行的因素可分为动力因素和阻力因素，其中动力因素效益和效率驱动、主体需求、京津冀地区政府的推动、"互联网＋"和区块链技术的推动和区域资源差异分别对应帆船动力结构中的风、帆、舵、主板和桅杆。

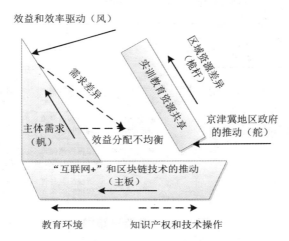

图 4 - 2　帆船形动力机制模型结构图

4.2.1　动力因素

推动力——效益和效率驱动。效益和效率驱动是京津冀地区高职院校实训教育资源共享的前提条件。追逐效益式市场主体的首要动力，追逐经济效益、科技效益和社会效益是京津冀地区高职院校实训教育资源共享主体之间展开合作共享的动力。职业教育是与社会联系最紧密的教育方式，必须紧跟时代步伐。只有通过各高校间的校际合作及校企合作，才能发挥出各高职院校的集体优势，共同构建比较完整的实训资源保障体系，提高实训教育资源的使用效率。经济效益和资源使用效率不仅是实训教育资源共享动力的基础，也是实现共享的重要保证。

内动力——主体需求。主体需求是京津冀地区高职院校实训教育资源共享的强度要素。实训教育资源共享的主体应包括人、高职院校和企业。人们对于高职院校教育的需求不仅体现在总量上，更体现在质量上。而实训教育资源是高职院校教育质量的重要评价指标之一。因此，实训教育资源共享可以满足人和高职院校的需求。实训教育是培养高新技术技能人才的重要途径，通过实训教育资源的共享，可以保障实训设备的先进性、师资队伍的优越性和实训技术的高端性。因此，企业的需求也可以通过实训教育资源的共享得以实现。通过共享扩充优质的实训教育资源，满足共享主体的需要，是提升社会对职业教育的满意度的重要途径之一。

拉动力——京津冀地区政府的推动。政府的推动是京津冀地区高职院校实训教育资源共享的方向指引。京津冀地区政府相继出台了许多协同发展的相关政策。在政策的支持下，实训教育资源共享所需的物力、财力、人力资源得到保障，能够更加有效地推动技术技能人才联合培养。

稳动力——"互联网＋"和区块链技术的推动。信息技术的推动决定着京津冀地区高职院校实训教育资源共享的多样化和规模。在计算机信息技术的支撑下，管理途径和技术可以使得共享平台更便捷、高效。京津冀地区高职院校能通过区块链将实训教育资源整合，形成"互联网＋"环境下的区块链实训教育资源共享平台，实现教育资源的云共享与合作。

循环动力——区域资源差异。区域资源差异是京津冀地区高职院校实训教育资源共享的循环动力。京津冀地区教育资源布局不均衡、各地区对职业教育的投入不均等问题，导致北京和天津高职实训教育资源丰富，而河北实训教育资源相对较少。在特定的范围内，不同区域高职院校间存在的资源差距越大，其资源共享的空间越大、互补性越强。

助动力——教育环境。教育环境助力京津冀地区高职院校实训教育资源共享。教育环境包括京津冀地区政策、法律、体制、观念以及高职院校的布局等各个方面，其综合效力为实训教育资源共享提供助力。

4.2.2 阻力因素

动力偏差——需求差异。需求的差异来自两个方面：资源共享的实施主体之间的需求差异和资源共享的实施主体与接受主体之间的需求差异。

动力流失——效益分配不均衡。高职院校从实训资源共享中获取经济、科技和社会利益是资源共享的动力，然而在实训共享过程中，效益分配不合理或过度地追求效益反倒会阻碍京津冀地区高职院校实训教育资源共享。

阻力——知识产权和技术操作。一方面，知识产权一直是网络资源共享难以解决的问题，严重阻碍了高职院校实训教育资源共享的发展；另一方面，"互联网＋"和区块链等信息技术的稳定、安全和有效性也限制着实训教育资源共享技术的完善。

动力因素和阻力因素对实训教育资源共享的作用效果详见表 4－1。

表 4-1   帆船形动力模型因素表

动力因素	
因　　素	作用效果
效益和效率驱动	推动力（风）
主体需求	内动力（帆）
京津冀地区政府的推动	拉动力（舵）
"互联网＋"和区块链技术的推动	稳动力（主板）
区域资源差异	循环动力（桅杆）
教育环境	助动力
阻力因素	
因　　素	作用效果
需求差异	动力偏差
效益分配不均衡	动力流失
知识产权和技术操作	潜在阻力

4.3　运行机制

构建京津冀地区高职院校实训教育资源共享机制，是推动京津冀职业教育协同进程的切入点，对统筹京津冀区域实训教育资源优化配置，促进产学研结合，实现实训教育资源由学校到区域、由科技到经济的逐渐融合具有重要的理论与现实意义。京津冀地区高职院校实训教育资源共享机制从功能上可分为激励机制、保障机制和监督机制。

4.3.1 激励机制

（1）资金激励机制的建立

第一，完善资金投入机制。地区的教育发展水平与其对教育的财政投入力度密切相关。一方面，要保持区域政府和主管部门在财政方面的投入力度，为高职院校实训教育资源共享的发展提供支持。另一方面，要激发京津冀地区社会资源的关注和投入，加大挖掘企业对现有高职院校实训教育资源的投入力度，为京津冀地区实训教育资源共享起到助力。

第二，完善资金规划机制。在京津冀协同发展的背景下，从中央政府到地方政府之间，需要对财政投入资金进行统一的规划、管理和协调。一方面，通过实训教育资源共享避免重复建设所造成的资源浪费，从而提高高职院校的总体效益。另一方面，对财政收入的统一规划能够均衡不同高职院校之间的资源配置差异，实现京津冀区域内高职院校的共赢发展。

（2）政策激励机制的建立

从师资层面上，打通京津冀区域高职院校制度障碍，制定师资选拔、聘任、考核、薪酬发放等相关政策措施，形成开放的师资共享市场，实现京津冀地区师资的校际共享和校企流动。

从人才培养层面上，统一京津冀地区高职院校人才培养标准，制定人才资格认定、就业、薪资和福利发放等相关政策措施，形成平等的毕业生创新创业环境，实现京津冀地区人才的流动、转移和共享。

从高职院校层面上，京津冀地区政府及相关部门应制定政策吸引高职院校向产业园区集中，促进跨区域高职院校共建创新创业人才培养平台、师资与学生交流交换平台等。

从企业层面上，京津冀地区政府及相关部门应制定政策促进校企合作，深化产教融合，积极为区域内高职院校与企业牵线搭桥，搭建人才需求平台、校企合作平台、产业技术技能研究平台等，细化企业兴办职业教育的权力、责任和利益，充分发挥企业在京津冀职业教育一体化进程中的主体作用。

4.3.2 保障机制

（1）实训基地保障机制的建立

在京津冀区域内广泛开展校际间、校企间实训基地共建共享活动。一方面采取有偿服务等措施，为学生技术技能的训练和培养提供优越的条件。另一方面，引导高职院校教师和企业科技人员在校企间进行流动，在围绕社会、经济发展需求开展应用研究和社会服务过程中，推进产学研用一体化进程。建立合理、健全的实训基地共享工作运行机制和相应的组织保障体系，促进京津冀区域实训教育资源共享。

（2）课程资源保障机制的建立

从学习量认定层面上，京津冀地区高职院校实训课程要达到跨区域、跨校合作开发、课程互选、课程衔接三个目标，在学习量和学分认定上实现统一标准，使校际间相同、相近专业的学生在实训课程上能够实现课程互补和自主选择。

从线上课程构建与认定层面上，京津冀地区高职院校应共建共享实训课程资源共享平台，开设实训类精品课程，并且通过视频讲授、线上答疑、师生互评等形式，让教师之间、师生之间、学生之间能够突破时间和空间的限制，实现自主学习和交流互动。各区域高职院校应将线上课程与线下课程相融合，共同解决学生学习效果和学习效率的问题，并在线上课程的认定上保持与线下课程相统一的标准，增强线上课程的社会影响力，努力构建学习型社会。

（3）资源配置与管理机制的建立

实训教育资源的管理、整合和调度能力差会影响资源使用效率，并导致资源管理成本的增加。因此，要努力建立京津冀地区实训教育资源配置与管理机制。应在区域内逐级建立教育资源管理机构，其主要职责是根据京津冀协同发展理论，从定性分析上制定高职院校实训教育资源共享的政策和规划；从定量分析上构建区域实训教育资源优化配置模型，统一调配各区域实训教育资源。同时指导、协调和督促各区域共享主体实现实训教育资源的共享，促进共享政策和规划落实落地。

4.3.3 监督机制

（1）政府监督机制的建立

京津冀地区政府需要在教育政策的制定、教育资源配置等方面不断优化改进，明确共享主体在跨区域实训教育资源共享实践过程中的责任、权利和义务，建立政府监督机制。

在供给与需求层面上，各区域政府需要在京津冀协同发展理论的指导下完善京津冀区域现行的教育财政供给机制，完善市场参与实训教育资源供给的渠道和机制，利用多样化的供给策略满足多样化的供给需求。同时，建立实训教育资源需求预测与管理系统，促进实训教育资源依据市场规则实现合理流动，实现优化配置。

在政策评价层面上，各区域政府需要随着实训教育资源共享进程的发展，加强京津冀地区实训教育资源共享政策的考核，不断评估、调整和完善共享政策，使其能够及时应对外部环境的变化，保障共享过程中各主体的效益。

（2）成本和效益监督机制的建立

在京津冀地区高职院校实训教育资源共享过程中，不同的共享主体之间根据自身的实际作用，分摊成本和效益。同时要保证权益受损的一方得到相应的补偿，实现区域内共享主体间合作共赢。

（3）经费投入与支出监督机制的建立

实训教育资源共享过程中经费的投入和指出监督机制建立的主要途径有三个：内部控制、第三方评估、社会和舆论监督。内部控制可通过各区域政府、高职院校和企业作为实施主体完成。第三方评估可通过行业协会、教育机构等作为实施主体完成。社会和舆论监督则需要动员社会力量、学生及其家长等对经费预算和使用情况进行监督，保证有限的资金投入得到规范、公开和高效的使用。

第5章　不确定性条件下高职院校实训教育资源优化配置

5.1　引　言

京津冀三省市要明晰各自的优势和不足，打破行政区划的束缚，从而适于教育资源有效配置的视角优化配置模式，构建实训教育资源的优化配置模型，从理论基础和实践层面上对教育资源进行更加合理、优化的分配，更好地推进资源共享进程。而教育资源管理涉及社会和经济等众多因素，具有明显的复杂性和不确定性。特别是当某些特定的影响因素呈现出明显的随机分布特征，且多个具有随机分布特征的因素间存在互动性，需要充分考虑各要素的不确定性及其之间的相互作用关系，应用相应的随机规划方法进行处理。

联合机会约束规划（Joint chance-constrained programming，JCCP）可以有效解决上述问题，为不确定条件下资源共享提供决策支持。JCCP 方法是以机会约束规划为基础，将约束间的互动相关特征考虑在内，解决约束中的随机不确定性。然而，JCCP 方法只能解决约束间存在线性相关性的问题，不能切实有效地对系统内部非线性互动关系作出表征。为克服其局限性，将 Copula 函数引入 JCCP 方法，开发基于 Copula 的随机规划模型（Copula-based stochastic programming，CSP），该方法能够表征以随机形式出现的不确定性参数，同时量化约束中随机参数的非线性相关特征。为了更好地模拟 Copula 函数边缘分布的线型，将最大熵方法引入 CSP 方法，构建基于最大熵—Copula 的随机规划模型（Maximum entropy-Copula-based stochastic programming，MECSP），该方法在保留 CSP 方法优点的基础上，边缘分布无需进行线型假设，能够较好地体现观测数据的统计特征。

因此，本章节分别构建 JCCP、CSP 和 MECSP 模型，并将其应用于实训教育资源优化配置中，为科学合理地进行京津冀协同发展下高职院校实训教育资源共享提供决策支持，具体框架思路图如 5-1 所示。

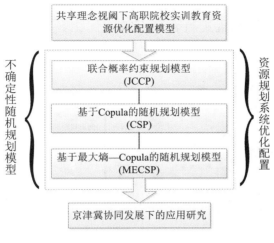

图 5-1　框架思路图

5.2　研究系统简介

在综合考虑京津冀区域高职院校可利用实训资源的基础上，以获得最大的学校效益产出（教育价值产出）和缩小各区域教育资源布局差异为目标，通过教育决策人员进行联合调度，规划调整实训教育资源的

分配量。研究区域包括教育决策人员和京津冀区域的
高职院校（如图 5-2 所示）。教育决策人员的主要功
能是在投入有限的教育相关资源的情况下，充分发挥
物力、财力、人力资源在教育层面的最大影响，对实
训教育资源配置进行合理有效的优化。

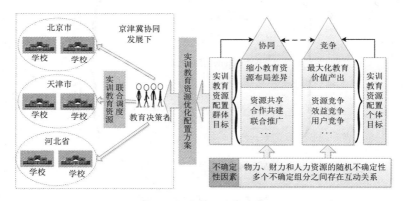

图 5-2 研究系统示意图

在中长期教育资源规划系统中存在多种不确定性，
例如，物力、财力和人力资源表现为随机不确定性，
同时多个不确定组分之间存在复杂的互动关系。因此，
教育决策人员需要同时考虑系统中的多种不确定性和
复杂性，权衡目标产出与区域差异之间的矛盾，制定
合理的实训教育资源优化配置方案。

5.3 联合概率约束规划模型及其在 实训教育资源优化配置中的应用

5.3.1 模型构建

机会约束规划（Chance-constrained programming，CCP）最早由 Charnes 和 Cooper 在 1959 年提出，是随机数学规划（Stochastic mathematical programming，SMP）中一种非常重要的规划方法。该方法只要求约束在给定概率条件下满足，适用于解决不确定条件下的满足系统约束（或违反系统约束的风险）的可靠性问题。JCCP 是在 CCP 的基础上，将约束间的互动性特征考虑在内，要求指定约束在给定联合概率条件下满足即可。JCCP 模型的主要优点如下：（1）它可以有效地解决联合概率约束下的随机不确定性；（2）它可以将复杂的随机规划模型转化为等价的确定性模型，从而降低模型的复杂性；（3）它可以帮助决策者根据违反约束的风险来制定相应的决策，得到系统收益最大化（或系统成本最小化）下的解；（4）它可以跟许多不确定性方法相结合，共同处理不确定条件下的系统优化问题。JCCP 模型可表示为：

目标函数：

$$\text{Maximize:} \ f = \sum_{j=1}^{n} c_j x_j \qquad (5-1)$$

约束条件：

$$\text{Pr}\left\{ \sum_{j=1}^{n} a_1 j x_j \leqslant b_i(t), \cdots, \sum_{j=1}^{n} a_{sj} x_j \leqslant b_s(t), \cdots, \right.$$

$$\left. \sum_{i=1}^{n} a_{S'j} x_j \leqslant b_{S'}(t) \right\} \geqslant 1-P \qquad (5-2)$$

$$x_j \geqslant 0 \quad j=1, \ 2, \ \cdots, \ n \qquad (5-3)$$

式中，x_j 为决策变量，c_j 和 a_{sj} 为实数参数，$b_s(t)$ 为随机变量，$\text{Pr}\{\}$ 为联合概率符号，满足系统约束的联合概率为 $1-P$，对应的违反系统约束的风险为 P。

5.3.2 模型求解

对于 JCCP 模型，非线性约束（5-2）表示约束 1，2，$\cdots$，S' 至少在联合概率 $1-P$ 条件下被满足。当约束（5-2）中的 $a_{sj}(j=1, \ 2, \ \cdots, \ n; \ s=1, \ 2, \ \cdots, \ S')$ 为确定性参数，$b_s(s=1, \ 2, \ \cdots, \ S')$ 为随机变量时，可以转化为下列线性形式：

$$\sum_{j=1}^{n} a_{sj} x_j \leqslant b_s(t)^{(p_s^0)}, s=1,2,\cdots,S' \quad i=1,2,\cdots,m$$

$$(5-4)$$

$$\sum_{s=1}^{S'} p_s^0 \leqslant P \qquad (5-5)$$

式中，$b_s(t)$ 的累计分布函数可以表示为 $F_s(b_s(t))$，对应的设计违反约束的概率为 p_s^0，满足 $F_s(b_s(t))=1-p_s^0$。这种方法是将联合概率约束转化为一系列线性约束，并且保证每个线性约束的违反概率总和满足给定的联合概率。则 JCCP 模型可以转化为等价的确定性模型：

目标函数：

$$\text{Maximize：} f = \sum_{j=1}^{n} c_j x_j \qquad (5-6)$$

约束条件：

$$\sum_{j=1}^{n} a_{sj} s_j \leqslant b_s(t)^{(p_s^0)}, s=1,2,\cdots,S' \quad i=1,2,\cdots,m$$

$$(5-7)$$

$$\sum_{s=1}^{S'} p_s^0 \leqslant P \qquad (5-8)$$

$$x_j \geqslant 0 \quad j=1, 2, \cdots, n \qquad (5-9)$$

5.3.3 应用研究

综合考虑 5.2 中教育系统规划问题，构建基于 JCCP 的实训教育资源优化配置模型如下：

目标函数：

$$\text{Maximize：} f = \sum_{j=1}^{n} w_j A_j(\alpha_j, \beta_j, \gamma_j) \qquad (5\text{-}10)$$

$$\text{Maximize：} \Phi = \frac{(\sum_{j=1}^{n} A_j(\alpha_j, \beta_j, \gamma_j))^2}{n \times \sum_{j=1}^{n} (A_j(\alpha_j, \beta_j, \gamma_j))^2} \qquad (5-11)$$

约束条件：

$$\Pr\{\sum_{j=1}^{n} a_j \leqslant \alpha_{total}, \sum_{j=1}^{n} \beta_j \leqslant \beta_{total}, \sum_{j=1}^{n} \gamma_j \leqslant \gamma_{total}\} \geqslant 1 - P$$

$$(5-12)$$

$$\alpha_j \geqslant 0 \quad j = 1, 2, \cdots, n \qquad (5-13)$$

$$\beta_j \geqslant 0 \quad j = 1, 2, \cdots, n \qquad (5-14)$$

$$\gamma_j \geqslant 0 \quad j = 1, 2, \cdots, n \qquad (5-15)$$

式中，f 为实训创造的总效益产出（教育价值产出）；w_j 为第 j 种效益产出的权重；$A_j(\alpha_j, \beta_j, \gamma_j)$ 为第 j 种效益产出函数，由人力资源 α_j、物力资源 β_j 和财力资源 γ_j 三个变量共同决定；α_{total}、β_{total} 和 γ_{total} 分

别为人力、物力和财力资源总量；n 为效益产出种类（通常情况下 $n=3$，分别对应经济效益、科技效益和社会效益产出）；Φ 为教育资源布局均衡系数，当不同种类的效益产出相等时，均衡系数取得最大值 $\Phi=1$；$\Pr\{\}$ 为联合概率符号，满足系统约束的联合概率为 $1-P$，对应的违反系统约束的风险为 P。考虑教育决策者调度下人力、物力和财力资源的互动影响，将约束视为联合概率约束，如公式（5-12）所示。

5.4 基于 Copula 的随机规划模型及其在实训教育资源优化配置中的应用

5.4.1 模型构建

JCCP 模型可以有效反映约束中随机参数闫的线性相关性。然而，当约束中随机参数存在非线性互动关系时，则需要更恰当的方法去解决此类问题。

Copula 函数能够反映随机变量间的非线性相关性，且具有构造方式简单，容许边缘分布形式多变的优点。以二维 Copula 函数为例，设 $u=F_X(x)$ 和 $v=$

$F_Y(y)$ 分别为随机变量 X 和 Y 的累积概率分布函数，则 Copula 函数可以表示为：

$$C_\theta(u,v) = C_\theta(F_X(x), F_Y(y)) \qquad (5-16)$$

式中，θ 为 Copula 函数的参数。若边缘分布 $u = F_X(x)$ 和 $v = F_Y(y)$ 是连续的，则 $C_\theta(u, v)$ 被唯一确定。在多种 Copula 函数族中，Archimedean Copula 函数族因其形式简单、构建过程快捷方便等优点而得到了非常广泛的应用。Archimedean Copula 函数的一般形式可表示为：

$$C(u_1, u_2, \cdots, u_d) = \phi^{-1}(\phi(u_1) + \phi(u_2) \cdots + \phi(u_d))$$
$$(5-17)$$

式中，u_i 为边缘分布，满足 $(u_1, u_2, \cdots, u_d) \in [0, 1]^d$，Archimedean 生成元 $\phi: [0, 1] \to [0, \infty]$ 具有单调递减的特性，满足 $\phi(1) = 0$，ϕ^{-1} 为 Archimedean 生成元 ϕ 的逆。表 5-1 给出了四种常见的单参数 Archimedean Copula 函数。

表 5-1　常用的 Archimedean Copula 函数

Copula 函数名称	函数形式	参数范围
Gumbel-Hougaard C_θ^{GH}	$\exp\left\{-\left[\sum_{j=1}^{d}(-\ln u_j)^\theta\right]^{1/\theta}\right\}$	$\theta \in [1, \infty)$

Copula 函数名称	函数形式	参数范围
Clayton C_θ^{CJ}	$\left[\left(\sum_{j=1}^{d} u_j^{-\theta}\right) - d + 1\right]^{-1/\theta}$	$\theta \in [-1, \infty) \setminus (0)$
Ali-Mikhail-Haq C_θ^{AMH}	$\prod_{j=1}^{d} u_j \Big/ \left[1 - \theta \prod_{j=1}^{d}(1 - u_j)\right]$	$\theta \in [-1, 1)$
Frank C_θ^F	$\dfrac{1}{\theta} \ln \left[1 + \prod_{j=1}^{d} [\exp(\theta u_j) - 1] \Big/ \exp(\theta)\right]$	$\theta \in R \setminus \{0\}$

将 Copula 函数引入 JCCP 模型可以有效地解决约束中随机变量间的非线性互动性，构建基于 Copula 的随机规划（CSP）模型。CSP 模型的一般表达式为：

目标函数：

$$\text{Maximize：} f = \sum_{j=1}^{n} c_j x_j \qquad (5-18)$$

约束条件：

$$C\left(\sum_{j=1}^{n} a_{sj} x_j \leqslant b_s(t), s = 1, 2, \cdots, S'\right) \geqslant 1 - P,$$
$$i = 1, 2, \cdots, m \qquad (5-19)$$

$$x_j \geqslant 0, \quad j = 1, 2, \cdots, n \qquad (5-20)$$

式中，x_j 为决策变量，c_j、a_{sj} 为参数，$b_s(t)$ 为随机变量，$C(\cdot)$ 为 Copula 函数，$1 - P$ 为给定的满

足系统约束的联合概率。CSP 方法可以有效地表征和处理约束中的随机不确定性和非线性互动性，反映系统中违反约束的风险。

5.4.2　模型求解

在 CSP 模型中，Copula 函数被用于表征和处理约束中的随机不确定性和非线性互动关系，因此，可以用以下方法将非线性约束（5-19）转化为线性约束。当约束（5-19）中的 $a_{sj}(j=1,2,\cdots,n;s=1,2,\cdots,S')$ 是确定性参数，$b_s(s=1,2,\cdots,S')$ 是随机变量时，约束（5-19）可以被分解为如下形式：

$$\sum_{j=1}^{n} a_{sj}x_j \leqslant b_s(t)^{(p_s^0)}, \quad s=1,2,\cdots,S' \quad i=1,2,\cdots,m$$

$$(5-21)$$

$$C(F_s(b_1(t)),\cdots,F_s(b_s(t)),\cdots,F_s(b_{S'}(t))) \geqslant 1-P$$

$$(5-22)$$

式中，$b_s(t)$ 的累计分布函数可以表示为 $F_s(b_s(t))$，对应的设计违反约束的概率为 p_s^0，满足 $F_s(b_s(t))=1-p_s^0$。这种方法也是将联合概率约束转化为一系列线性约束，但是要求 Copula 函数构造的联合概率分布在每个线性约束的违反概率条件下（即 $F_s(b_s(t))$ $=1-p_s^0(s=1,2,\cdots,S')$ 满足给定的联合概率。则 CSP 模型可以转化为等价的确定性模型：

目标函数：

$$\text{Maximize：} f = \sum_{j=1}^{n} c_j x_j \qquad (5-23)$$

约束条件：

$$\sum_{j=1}^{n} a_{sj} x_j \leqslant b_s(t)^{(p_s^0)}, S = 1,2,\cdots,S' \quad i = 1,2,\cdots,m$$

$$(5-24)$$

$$C(F_s(b_s(t)),\cdots,F_s(b_s(t)),\cdots,F_s(b_{S'}(t))) \geqslant 1-P$$

$$(5-25)$$

$$x_j \geqslant 0, \quad j=1,2,\cdots,n \qquad (5-26)$$

5.4.3　应用研究

综合考虑 5.2 中教育系统规划问题，构建基于 CSP 的实训教育资源优化配置模型如下：

目标函数：

$$\text{Maximize：} f = \sum_{j=1}^{n} w_j A_j(\alpha_j,\beta_j,\gamma_j) \qquad (5-27)$$

$$\text{Maximize：}\Phi = \frac{(\sum_{j=1}^{n} A_j(\alpha_j, \beta_j, \gamma_j))^2}{n \times \sum_{j=1}^{n} (A_j(\alpha_j, \beta_j, \gamma_j))^2} \quad (5-28)$$

约束条件：

$$C\left\{ \sum_{j=1}^{n} \alpha_j \leqslant \alpha_{total}, \sum_{j=1}^{n} \beta_j \leqslant \beta_{total}, \sum_{j=1}^{n} \gamma_j \leqslant \gamma_{total} \right\} \geqslant 1 - P$$

$$(5-29)$$

$$\alpha_j \geqslant 0 \quad j=1, 2, \cdots, n \quad (5-30)$$

$$\beta_j \geqslant 0 \quad j=1, 2, \cdots, n \quad (5-31)$$

$$\gamma_j \geqslant 0 \quad j=1, 2, \cdots, n \quad (5-32)$$

式中，f 为实训创造的总效益产出（教育价值产出）；w_j 为第 j 种效益产出的权重；$A_j(\alpha_j, \beta_j, \gamma_j)$ 为第 j 种效益产出函数，由人力资源 α_j、物力资源 β_j 和财力资源 γ_j 三个变量共同决定；α_{total}、β_{total} 和 γ_{total} 分别为人力、物力和财力资源总量；n 为效益产出种类（通常情况下 $n=3$，分别对应经济效益、科技效益和社会效益产出）；Φ 为教育资源布局均衡系数，当不同种类的效益产出相等时，均衡系数取得最大值 $\Phi=1$；$C(\cdot)$ 为 Copula 函数，满足系统约束的联合概率为 $1-P$，对应的违反系统约束的风险为 P。考虑教育决策者调度下人力、物力和财力资源的互动影响，将约束视为联合概率约束，如公式（5 – 29）所示。CSP 方法可以有效地表征和处理约束中的随机不确定性和非线性互动性，反映系统中违反约束的风险。

5.5 基于最大熵—Copula 的随机规划模型及其在实训教育资源优化配置中的应用

5.5.1 模型构建

1957 年，Jaynes 首先提出了最大熵原理，认为通过选取熵值最大，即可获得给定信息的概率分布。熵值最大意味着因数据不足而作的人为假设最小，因此所得到的概率分布偏差最小。信息熵 $H(x)$ 的定义如下：

$$H(x) = -\int_a^b f(x)\ln f(x)\mathrm{d}x \qquad (5-33)$$

式中，$f(x)$ 为随机变量 x 的概率密度函数，a 和 b 分别为 x 的上界和下界。以径流量的统计特征（包括均值、方差、偏度和峰度）作为推断其概率密度函数的约束，则有：

$$C_0\int_a^b f(x)\mathrm{d}x = 1 \qquad (5-34)$$

$$C_i = \int_a^b h_1(x)f(x)\mathrm{d}x = \overline{h}_i(x) \quad i = 1,2,\cdots m$$

$$(5-35)$$

式中，x 为随机变量的观测值，$h_i(x)$ 为关于 x 的给定函数，满足 $h_i(x)=x^i$，$\overline{h}_i(x)$ 为 $h_i(x)$ 的期望值。因此，拉格朗日函数 L 可以构建如下：

$$L = -\int_a^b f(x)\ln f(x)\mathrm{d}x -$$

$$\left(\ln\left[\int_a^b \exp\left(-\sum_{i=1}^m \lambda_i h_i(x)\right)\mathrm{d}x\right]-1\right)$$

$$\left[\int_a^b f(x)\mathrm{d}x-1\right]-\sum_{i=1}^m \lambda_i\left[\int_a^b f(x)h_i(x)\mathrm{d}x-C_i\right]$$

$$(5-36)$$

式中，λ_i 为拉格朗日乘子。利用拉格朗日乘子法得到信息熵 $H(x)$ 的最大值，即可获得随机变量 X 的概率密度函数 $f(x)$，如下所示：

$$f(x) = \exp\left[-\ln\left(\int_a^b \exp\left(-\sum_{i=1}^m \lambda_i h_i(x)\right)\mathrm{d}x\right)\right.$$

$$\left.-\sum_{i=1}^m \lambda_i h_i(x)\right] \quad (5-37)$$

并且得到相应的概率分布函数 $E_X(x)$：

$$E_X(x) = \int_a^x f(t)\mathrm{d}t$$

$$= \int_a^x \exp\Big[-\ln\Big(\int_a^b \exp\big(-\sum_{i=1}^m \lambda_i h_i(t)\big)\mathrm{d}t\Big)-$$

$$\sum_{i=1}^m \lambda_i h_i(t)\Big]\mathrm{d}t \qquad (5-38)$$

最大熵方法能够近似模拟随机变量的概率分布，且无需进行线型假设。因此，将最大熵方法引入 Copula 函数，改进传统 Copula 函数的边缘分布生成方式，建立最大熵－Copula 方法（Maximum entropy－Copula method，MEC）：

$$P(X{\leqslant}x,Y{\leqslant}y)=C[E_X(x),E_Y(y)]$$

$$=\exp(-[(-\ln(E_X(x;\lambda)))^\theta+(-\ln(E_Y(y;\lambda')))^\theta]^{1/\theta})$$

$$(5-39)$$

$$E_X(x;\lambda)=\int_{a_1}^x \exp\Big[-\ln\Big(\int_{a_1}^{b_1}\exp\big(-\sum_{i=1}^m \lambda_i h_i(t)\big)\mathrm{d}t\Big)-$$

$$\sum_{i=1}^m \lambda_i h_i(t)\Big]\mathrm{d}t \qquad (5-40)$$

$$E_Y(y;\lambda')=\int_{a_2}^y \exp\Big[-\ln\Big(\int_{a_2}^{b_2}\exp\big(-\sum_{i=1}^m \lambda'_i h_i(t)\big)\mathrm{d}t\Big)-$$

$$\sum_{i=1}^m \lambda'_i h_i(t)\Big]\mathrm{d}t \qquad (5-41)$$

式中，a_1 和 b_1 分别为随机变量 X 的上界和下界，a_2 和 b_2 分别为随机变量 Y 的上界和下界，$\lambda_i(i=1,2,\cdots,m)$ 和 $\lambda'_{i'}(i'=1,2,\cdots,m')$ 分别为的边缘分

布 $E_X(x)$ 和 $E_Y(y)$ 中的拉格朗日乘子，θ 为联合分布的参数，满足 $\theta \geqslant 1$。

MEC 方法兼具最大熵方法和 Copula 函数的优点：（1）边缘分布无需进行线型假设，而且能够较好地体现观测数据的数据特征；（2）所研究变量可以服从不同的边缘分布，为推求不同变量间的联合分布提供了优势；（3）联合分布函数构造简单、方便，能充分反映变量间的相关性（包括非线性相关性）。将 MEC 方法引入 JCCP 模型可以有效地解决约束中随机变量间的非线性互动性，构建基于最大熵—Copula 的随机规划（MECSP）模型。MECSP 模型的一般表达式为：

目标函数：

$$\text{Maximize：} f = \sum_{j=1}^{n} c_j x_j \qquad (5-42)$$

约束条件：

$$MEC\left(\sum_{j=1}^{n} a_{sj} x_j \leqslant b_s(t), \quad s = 1, 2, \cdots, S'\right) \geqslant 1 - P,$$
$$i = 1, 2, \cdots, m \qquad (5-43)$$

$$x_j \geqslant 0, \quad j = 1, 2, \cdots, n \qquad (5-44)$$

式中，x_j 为决策变量，c_j、a_{sj} 为参数，$b_s(t)$ 为随机变量，$MEC(\cdot)$ 为最大熵—Copula 函数，$1-P$

为给定的满足系统约束的联合概率。MECSP 方法在
保留 CSP 方法优点的基础上，边缘分布无需进行线型
假设，能够较好地体现观测数据的数据特征。

5.5.2　模型求解

在 MECSP 模型中，最大熵—Copula 函数被用于
表征和处理约束中的随机不确定性和非线性互动关系，
因此，可以用以下方法将非线性约束（5 - 43）转化为
线性约束。当约束（5 - 43）中的 a_{sj}（$j=1$，2，⋯，
n；$s=1$，2，⋯，S'）是确定性参数，b_s（$s=1$，2，
⋯，S'）是随机变量时，约束（5 - 43）可以被分解为
如下形式：

$$\sum_{j=1}^{n} a_{sj}x_j \leqslant b_s(t)^{(p_s^0)}, s=1,2,\cdots,S' \quad i=1,2,\cdots,m$$

$$(5-45)$$

$$MEC(F_s(b_1(t)),\cdots,F_s(b_s(t)),\cdots,F_s(b_{S'}(t))) \geqslant 1-P$$

$$(5-46)$$

式中，$b_s(t)$ 的累计分布函数可以表示为 $F_s(b_s(t))$，对应的设计违反约束的概率为 p_s^0，满足 $F_s(b_s(t))=1-p_s^0$。这种方法也是将联合概率约束转化为一

系列线性约束，但是要求最大熵—Copula 函数构造的联合概率分布在每个线性约束的违反概率条件下（即 $F_s(b_s(t))=1-p_s^0(s=1,2,\cdots,S')$ 满足给定的联合概率。则 MECSP 模型可以转化为等价的确定性模型：

目标函数：

$$\text{Maximize：} f = \sum_{j=1}^{n} c_j x_j \qquad (5-47)$$

约束条件：

$$\sum_{j=1}^{n} \alpha_{sj} x_j \leqslant b_s(t)^{(p_s^0)}, s=1,2,\cdots,S' \quad i=1,2,\cdots,m$$

$$(5-48)$$

$$MEC(F_s(b_1(t)),\cdots,F_s(b_s(t)),\cdots,F_s(b_{S'}(t))) \geqslant 1-P$$

$$(5-49)$$

$$x_j \geqslant 0, \quad j=1,2,\cdots,n \qquad (5-50)$$

5.5.3　应用研究

综合考虑 5.2 中教育系统规划问题，构建基于 CSP 的实训教育资源优化配置模型如下：

目标函数：

$$\text{Maximize：} f = \sum_{j=1}^{n} w_j A_j(\alpha_j,\beta_j,\gamma_j) \qquad (5-51)$$

$$\text{Maximize：} \Phi = \frac{\left(\sum_{j=1}^{n} A_j(\alpha_j, \beta_j, \gamma_j) \right)^2}{n \times \sum_{j=1}^{n} (A_j(\alpha_j, \beta_j, \gamma_j))^2} \quad (5-52)$$

约束条件：

$$MEC \left\{ \sum_{j=1}^{n} \alpha_j \leqslant \alpha_{total}, \sum_{j=1}^{n} \beta_j \leqslant \beta_{total}, \sum_{j=1}^{n} \gamma_j \leqslant \gamma_{total} \right\} \geqslant 1 - P$$
$$(5-53)$$

$$\alpha_j \geqslant 0 \quad j=1, 2, \cdots, n \quad (5-54)$$

$$\beta_j \geqslant 0 \quad j=1, 2, \cdots, n \quad (5-55)$$

$$\gamma_j \geqslant 0 \quad j=1, 2, \cdots, n \quad (5-56)$$

式中，f 为实训创造的总效益产出（教育价值产出）；w_j 为第 j 种效益产出的权重；$A_j(\alpha_j, \beta_j, \gamma_j)$ 为第 j 种效益产出函数，由人力资源 α_j、物力资源 β_j 和财力资源 γ_j 三个变量共同决定；α_{total}、β_{total} 和 γ_{total} 分别为人力、物力和财力资源总量；n 为效益产出种类（通常情况下 $n=3$，分别对应经济效益、科技效益和社会效益产出）；Φ 为教育资源布局均衡系数，当不同种类的效益产出相等时，均衡系数取得最大值 $\Phi=1$；$MEC(\cdot)$ 为最大熵—Copula 函数，满足系统约束的联合概率为 $1-P$，对应的违反系统约束的风险为 P。考虑教育决策者调度下人力、物力和财力资源的互动影响，将约束视为联合概率约束，如公式（5－53）所示。MECSP 方法在保留 CSP 方法优点的基础上，边缘分布无需进行线型假设，能够较好地体现观测数据的数据特征。

第6章 基于区块链的京津冀高职院校实训教育资源共享平台

6.1 引 言

2019年10月，习近平在中央政治局第十八次集体学习时强调，要加快推动区块链技术发展，积极推进区块链和经济社会融合发展。随着经济由高速增长阶段转向高质量发展阶段，如何实现教育资源数字化和智能化，探索"区块链＋教育"技术，促进教育资源的共建共享已经成为社会关注的焦点问题。

因此，本章从"区块链＋教育"视角出发，探究京津冀高职院校实训教育资源共享平台设计，具体思路如图6-1所示。各共享主体可以借助实训教育资源平台进行资源交易、共享，并与企业进行深度合作，学生也能够借助平台学习实训课程，提高职业素养和岗位能力，实现各共享主体共赢的局面。

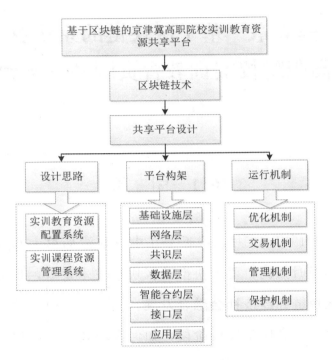

图 6－1　框架思路图

6.2　区块链技术

根据国家工信部《中国区块链技术和应用发展白皮书（2016）》中给出的定义，区块链是一种链式数据结构，按照时间顺序将数据区块相连，并以密码学方式保证数据不可篡改和不可伪造。也就是说，在任何时间所有人均能通过相同的技术手段录入自己的信息，以延伸区块链，进而满足各种数据存储的需要。区块链从 2008 年诞生到现在，已经发展到了 3.0 版本，从一种数字支付系统发展成为主流底层协议。目前，在各个领域掀起了基于区块链的创新应用热潮，例如"区块链＋教育""区块链＋健康""区块链＋经济"等。在教育领域，可以利用区块链技术进行智能合约系统的构建，极大地提高教育资源共享程度，减小区域间教育资源配置差异。区块链技术已经逐渐成为教育信息化技术的有力支撑。区块链包括公有链、私有链和联盟链三种技术中。

①公有链：是指任何人都可以读取数据、发送交易且交易能够获得有效确认的共识区块链。公有链上的各个节点可以自由加入网络、退出网络，并参加链上数据的读写，网络中不存在任何中心化的服务端节点。公有链有去中心化、访问门槛低、数据公开透明、匿名性和免受开发者影响的特点。

②私有链：是指非公开的"链"，即需要授权才能

加入节点。私有链上各个节点的写入权限被严格控制，读取权限根据需求有选择性地对外开放。私有链具有交易速度快、成本低、隐私保障好和安全性高的特点。但权限被少数节点控制，背离了去中心化的初衷，数据也可能被操纵。

③联盟链：是指由多个机构共同参与管理的区块链，每个机构组织管理一到多个节点，其数据在系统内不同的机构间进行读写和传送。各机构组织组成利益相关的联盟，共同维护区块链的健康运转。联盟链具有去中心化、可信度高、数据公开透明的特点。联盟链既可实现去中心化，确保高职院校、企业共同参与管理，也允许连接到系统内的共享主体实施实训资源共享过程的评价、学生学习过程的评价和结果查询，保证系统内信息的隐私和数据安全。

区块链具有以下几点技术特征：

①去中心化：在区块链网络中没有中心化的硬件或者管理机构，节点之间的权利及义务均等，任一节点的丢失或损坏不会影响整个系统。在京津冀区域高职院校实训教育资源共享过程中，各共享主体可作为区块链的"节点"，享有均等的权利和义务。因此，构

建基于区块链的共享平台可以保证各共享主体的公平性。

②高可信度：区块链系统中的数据交换基于共识算法，是完全依赖于机器之间的算法，且运作规则公开透明。在京津冀区域高职院校实训教育资源共享过程中，这一技术特征恰好可以排除人为干扰，能够公开、公正地对实训教育资源进行优化配置。

③不可篡改：数据一旦经过共识算法添加至区块链，就永久地记录在区块链上，任何人都无法修改或者撤销。在基于区块链的共享平台构建中，"不可篡改"的技术特征可以保证学生的实训教育记录保存的长期性及完整性从而保证后期求职、升学工作顺利开展。同时高职院校或企业也可以对学生在实训教育进行过程性和结果性评价。

④开放性：在区块链系统中，除节点的私有信息和具有特殊权限要求的信息被加密外，其他数据均是开放的。即任何节点都可以进行上传资源、查询记录等操作。这一技术特征可以使得实训教育资源共享平台的操作效率更高、实用性更强。

⑤智能性：区块链技术具有可编程性，交易可以

通过智能合约自动执行，数据流动自动化属性强。这一技术特征可以降低实训教育资源的交易成本。

⑥可追溯性：区块链中，每个区块都具有时间戳，以保证信息溯源。这一技术特征能够将实训教育资源的交易信息进行信息溯源，同时学生在共享平台上学习实训课程的记录也可得到保存和追溯。

综上所述，区块链技术的应用为高职院校实训教育资源共享平台的构建提供了技术基础，其"去中心化""高可信度""不可篡改""开放性""智能性"和"可追溯性"的特征不但能够保证实训教育资源共享的公平与高效，还能够构建完整的学生信息记录体系。

6.3 共享平台设计

6.3.1 设计思路

以京津冀职业教育一体化为指导思想，深化与落实实训教育资源共建共享，通过基于区块链的共享平台推动智慧教育的发展，为京津冀地区高职院校提供优质的实训教育资源，努力实现教育资源均衡。共享平台以区块链技术为核心，确保数据信息的高度可信、不可篡改、开放性和可追溯性，也要以"互联网＋"、云计算等技术为关键支撑，保障共享平台能够存储、共享多源数据。根据京津冀地区高职院校实训教育资源共享目标，平台的设计应包括实训教育资源配置和实训课程资源管理两个系统。

（1）实训教育资源配置系统

该系统需要将优化配置模型编辑成算法嵌入区块链，则共享平台可以根据京津冀地区实训教育资源相关数据得到最优的资源配置结果，并实施相应的资源配置措施。此时的共享平台要坚持开环运行接口，能够按需合理接入教育资源管理系统，如高职院校的实训基地规模、学生人数、师资配备、设备状况等测评系统，提升高效实训教育资源综合评价的全面化和精准化。

（2）实训课程资源管理系统

基于区块链的共享平台不仅要对京津冀地区实训教育资源进行优化配置和规划管理，还要对优质的实训课程资源进行共享管理。此时的共享平台要坚持开环运行和开放应用接口。一方面，能够按需合理接入课程资源管理系统；另一方面，要与网络学习空间对接，时时记录学生的学习信息，对学生在实训课程中的表现实行管办评分离，以可信、可靠的评价数据流为高职院校与企业提供参考依据，为学生和家长提供反馈建议。

6.3.2　平台构架

目前，比较成熟的区块链基础架构为 Hyperledg-erFabri，它是一个分布式共享账本，采用高度模块化设计，可以灵活插拔共识协议，有效提升系统平台的维护扩展，是构建与实现联盟链的优秀区块链底层引擎。京津冀地区高职院校实训教育资源共享平台可以基于 HyperledgerFabri 进行架构设计，自下而上为基础设施层、网络层、共识层、数据层、智能合约层、接口层和应用层。

基础设施层：为上层提供基础服务，将虚拟化的计算资源、存储资源和数据资源，通过网络提供给用户使用和管理。基础设施层可以对教育资源数据和课程资源数据信息进行实时采集、高速传输、汇聚、储存和分发。

网络层：可以为区块链上节点之间的信息交流提供通信支持。网络层包括节点、排序者、客户端、CA 认证和 Gossip 协议几个功能模块。其中排序者可以在客户端和节点之间创建共享通信渠道；CA 认证为节点和用户提供合法加入联盟链的证书。

共识层：可以通过共识机制实现区块链上所有节点数据记录的同步与一致，保证信息透明和数据共享。共识机制主要分为提供交易管理的共识机制和提供成员管理服务的共识机制两类。第一类共识机制可以使多个节点在某一批交易上达成一致的观点；第二类共识机制可以为区块链上的各种实体（政府、高职院校、企业、学生、教育机构等）提供身份验证。

数据层：包括区块链中的功能数据和交易信息，如实训教育资源相关数据、评价数据、学生学习课程的数据等。

智能合约层：通过智能合约对区块数据进行分封装，可以确保区块链中存储的数据不被篡改和删除。

接口层：可以为区块链上的各种实体用户提供上层应用和下层数据的调用与访问，并对不同用户的权限进行管理。接口层也可与其他应用系统继续对接，例如教育资源管理系统，教育教学应用系统、网络学习空间等。

应用层：针对实训教育资源配置系统．可以包括实训教育资源信息的采集与录入、教育资源配置评价、优化配置结果查询。针对实训课程资源管理系统，可以包括课程资源信息和学生学习信息的采集与录入、学习过程评价、课程评价与学生素质评价结果查询。

6.3.3 运行机制

区块链技术可以促进实训教育资源的共享，提高实训教育资源的配置效率，其运行机制包括以下四个部分（如图6-2所示）：

①优化机制：只有取得共识的优质实训教育资源才能够流通交易，从而提升共享资源的质量。

②交易机制：区块链的去中心化技术特点保证了参与实训教育资源共享的公平性。实训教育资源拥有者与使用者的点对点交易极大地促进了资源流通，降低交易成本，提高共享效率。

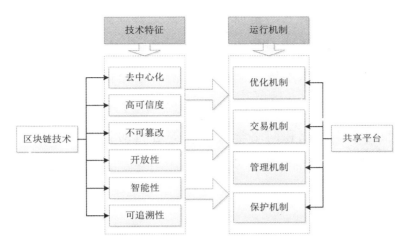

图 6 - 2　基于区块链的实训教育共享平台运行机制

③管理机制：一方面，区块链中实训教育资源的上传、验证、共享可自动完成，可以提高教育资源管理的智能化水平。另一方面，区块链技术具有可编程性，将优化配置模型转化为算法嵌入区块链中，教育资源的优化配置就能够通过智能合约自动执行。

④保护机制：区块链中的区块都具有时间戳，用于追溯交易信息，从而解决了共享过程中数据权问题，可以保护实训教育资源的占有、使用与收益等权利。

综上所述，基于区块链的京津冀高职院校实训教育资源共享平台具备以下核心功能：第一，各高职院校的实训教育资源、学生学习实训课程数据的记录与存储功能。第二，实训教育资源交易和配置、学生学习过程结果的加密传输和存储。第三，以联盟链为核心，促进共享主体之间的共同治理。第四，开放接口确保了共享平台的开环运行，并能够与资源管理系统、教育教学系统和网络学习空间等进行对接，促进教育数字化、智能化。

参考文献

[1] 杨近，姚启和．高等职业教育概念的界定——兼谈高等教育类型的区分 [J]．教育与职业，2000，000（8）：16－18.

[2] 刘任熊．高等职业教育高质量发展的区域响应：问题表征及优化策略——基于 192 份省级《高等职业教育质量年度报告》的文本分析 [J]．中国职业技术教育，2019，701（13）：81－89.

[3] 谢维和．论优质教育资源的涵义与建设 [J]．人民教育，2002（11）：26－28.

[4] 葛继平．以资源共享实现新时代高等教育内涵式发展——评《高等学校教育资源共享的理论与实证研究》[J]．当代教育科学，2018（12）：98.

[5] 董刚．新时代高职教育高质量发展的思考 [J]．

中国职业技术教育，2019，695（7）：50—52.

[6] 祖莉莉．从人类社会科技的发展看资源的定义域 [J]．资源科学，1998，020（2）：17—21.

[7] 陈海秋．基于资源和管理的技术创新能力的定义和统计分析 [J]．北京航空航天大学学报（社会科学版），2002，16（1）：63—66.

[8] 李源．从劳动价值、虚拟价值到自然力价值——关于资源、环境和生态价值含义的理论探讨 [J]．天津社会科学，2004（4）：92—95.

[9] 许丽英，袁桂林．农村教育资源配置现状调查与优化对策研究 [J]．教育发展研究，2006（11）：57—62.

[10] 陈锡文．资源配置与中国农村发展 [J]．中国农村经济，2004，000（001）：4—9.

[11] 苏心玥，于洋，赵建世，等．南水北调中线通水后北京市辖区间水资源配置的博弈均衡 [J]．应用基础与工程科学学报，2019，27（2）：6—18.

[12] Kong X M , Huang G H , Li Y P , et al. Inexact Copula-Based Stochastic Programming Method for Water Resources Management under Mul-

tiple Uncertainties [J]. *Journal of Water Resources Planning and Management*，2018，144 (11)：04018069.1-04018069.10.

[13] Kong X M，Huang G H，Fan Y R，et al. A duality theorem-based algorithm for inexact quadratic programming problems：Application to waste management under uncertainty [J]. *Engineering Optimization*，2016，48 (4)：562−581.

[14] Kong X M，Huang G H，Fan Y R，et al. Risk analysis for water resources management under dual uncertainties through factorial analysis and fuzzy random value-at-risk [J]. *Stochastic Environmental Research & Risk Assessment*，2017，31：2265−2280.

[15] 孔祥铭，郝振达，曾雪婷，等. 基于模糊条件风险价值的水资源系统规划模型 [J]. 人民黄河，2016 (2)：51−55，58.

[16] 孔祥铭，郝振达，黄国和. 交互式两阶段分位值水资源系统规划模型 [J]. 中国农村水利水电，2016 (7)：83−85.

［17］ Xiangming，Kong，Aili，et al. Proceedings of the 2018 3rd International Conference on Environmental Engineering and Sustainable Development，November 30-December，2018 ［C］. Bristol：IOP Publishing，2018.

［18］ 夏磊，张力. 京津冀协同发展产教融合的职业教育探索 ［J］. 中国职业技术教育，2018（9）：17—21.

［19］ 赵弘. 继续推进京津冀协同发展战略的思考 ［J］. 中国国情国力，2018（05）：57—60.

［20］ 文宗瑜. 疏解非首都功能与京津冀协同发展的同步推进 ［J］. 北京人大，2018（3）：P. 50—52.

［21］ 侯兴蜀. 京津冀协同发展下北京市职业教育资源配置研究 ［J］. 中国职业技术教育，2018（24）：5—13.

［22］ 黄永焱，张志成. 高等职业院校实训基地信息化管理模型的理论探索 ［J］. 中国职业技术教育，2018（17）：48—50.

［23］ 唐细语. 高职教育校企合作生产性实训基地的建设研究与实践探索 ［J］. 职教论坛，2018（4）：123—127.

［24］耿保阳，王晓玲，滕强．高职院校校内实训基地共建共享可持续发展研究［J］．教育现代化，2019，6（89）：102－104．

［25］陈玉峰，池卫东，何林元．共建共享型生产性实训基地建设的探索与实践［J］．中国职业技术教育，2018（20）：12－16．

［26］谢志伟，王志明，罗毅洁．区域职业教育资源现状与需求分析［J］．电子制作，2015（24）：71－72．

［27］蒋鑫，何晓萍．教育文献资源共建共享的 SWOT 分析［J］．软件导刊·教育技术，2013，12（5）：90－92．

［28］贾旭楠．高校图书馆智库建设 SWOT 分析及策略研究［J］．图书馆工作与研究，2019（3）：118－123．

［29］蒋鑫，何晓萍．教育文献资源共建共享的 SWOT 分析［J］．软件导刊（教育技术），2013，12（5）：90－92．

［30］陈琳．特色数据库共建共享的 SWOT 分析与发展策略研究［J］．现代情报，2012（4）：65－67．

［31］岳建军．我国高等学校教育资源共享的 SWOT 分析及实现路径［J］．现代教育论丛，2019（3）：

41—46.

[32] 李振超,陈琳,郑旭东,等.建立高校数字化学习资源共享机制的 SWOT 分析 [J].当代教育科学,2014(3):19—23+26.

[33] 褚静静,刘畅,李久珍."互联网+"视阈下京津冀职业教育资源共享研究 [J].工业技术与职业教育,2019,17(3):76—79.

[34] 夏侯珺,张页.职业教育国家教学标准构建的思考 [J].职教论坛,2020(1):67—72.

[35] 李梦卿,邢晓."双高计划"背景下高等职业教育人才培养方案重构研究 [J].现代教育管理,2020(1):107—114.

[36] 王娜,张应辉."互联网+"背景下高等院校在线课程建设的探讨——以西北农林科技大学为例 [J].中国林业教育,2020,38(1):18—20.

[37] 张娜,王庆生."互联网+"背景下高职院校旅游专业学生的阅读推广研究——以天津海运职业学院为例 [J].教育教学论坛,2020(10):349—351.

[38] 王俊瑛,李红梅,李飞,等."双一流"建设背景下"互联网+"智慧医学图书馆的发展策略研究

[J]. 教育教学论坛，2020（9）：8－9.

[39] 袁勇，王飞跃．区块链技术发展现状与展望 [J].
自动化学报，2016，42（4）：481－494.

[40] 何蒲，于戈，张岩峰，等．区块链技术与应用前
瞻综述 [J]．计算机科学，2017，44（4）：1－
7＋15.

[41] 杨现民，李新，吴焕庆，等．区块链技术在教育
领域的应用模式与现实挑战 [J]．现代远程教育
研究，2017（2）：34－45.

[42] 张红雷，苏莹．基于"大数据＋区块链"技术的
共享经济发展研究 [J]．智库时代，2019（37）：
17－18.

[43] 杨艳苹．京津冀基础教育资源共享问题研究
[D]．北京：首都经济贸易大学，2018.

[44] 廖源铭．"互联网＋"战略下物流园区赢利模式
研究 [D]．南京：东南大学，2018.

[45] 冯国文．高校继续教育"四位一体"校企合作模式
的探索 [J]．中国成人教育，2017（19）：122－125.

[46] 李欣旖，刘硕，闫志利．京津冀职业教育资源共
建共享模式与机制构建研究 [J]．新疆职业教育

研究，2018，9（2）：11—17.

[47] 王环，付永生．职业教育供给侧改革主体协同策略研究［J］．辽宁高职学报，2017，19（1）：1—3＋17.

[48] 郭珉媛．以高等职业教育供给侧改革助力京津冀协同发展研究［J］．环渤海经济瞭望，2016（8）：46—49.

[49] 杨文正，徐杰，李美林．数字教育资源配置生态链模型及其运行机制［J］．现代教育技术，2018，28（3）：19—25.

[50] 柏露露．中国境内国际合作园区发展与规划研究［D］．南京：东南大学，2018.

[51] 陈保荣．我国高等职业教育国际化发展及对策研究［J］．职教论坛，2012（1）：15—18.

[52] 任君庆，刘亚西．职业教育国际化平台的构建与功能发挥［J］．中国职业技术教育，2019（12）：20—23.

[53] 李梦卿，邢晓．德、美、日高等职业教育国际化发展现状及其启示［J］．中国职业技术教育，2019（18）：89—96.

[54] 易浪波，彭清忠，袁志忠，等．高校大型仪器设备共享管理模式和运行机制探究［J］．教育现代化，2018，5（47）：256－257．

[55] 李欣旖，刘硕，闫志利．京津冀职业教育资源共建共享模式与机制构建研究［J］．新疆职业教育研究，2018，9（2）：11－17．

[56] 裴兆斌，刘洋，翟姝影．辽宁省高校优质教育资源共享机制建设研究［J］．教育现代化，2019，6（21）：151－153＋162．

[57] 刘磊．京津冀职业教育资源共享机制研究［J］．西部素质教育，2019，5（10）：22－23．

[58] 邵立杰，邵立敏，汪小红．高校创业教育资源"无边界"共享的实施路径［J］．河北农业大学学报（社会科学版），2019，21（4）：81－85．

[59] 臧艳美．学区内优质教育资源共建共享存在的问题与对策［J］．教育理论与实践，2018，38（26）：28－30．

[60] 徐静，冯锋，张雷勇，等．我国产学研合作动力机制研究［J］．中国科技论坛，2012（7）：74－80．

[61] 杨凤枝．高校教育资源共享动力机制研究［D］．

江苏：江苏师范大学，2018.

[62] 徐静．产学研合作动力的帆船模型和动力评估模型的研究 [D]．合肥：中国科学技术大学，2012.

[63] 甘成君．职业学校实训教学改革的探索 [J]．职业技术教育，2008（8）：45＋82.

[64] 徐岳清．高等职业学校实训基地建设研究 [D]．上海：华东师范大学，2008.

[65] 黄永焱，张志成．高等职业院校实训基地信息化管理模型的理论探索 [J]．中国职业技术教育，2018，669（17）：48－50.

[66] 吴文山．高水平职业教育实训基地建设面临的资产管理问题与对策 [J]．中国职业技术教育，2019（19）：75－81.

[67] 赵培欣，范可心，曹来领．职业教育实训教学效能提升文献综述 [J]．现代职业教育，2019（3）：66－67.

[68] 季国华．深化职业教育实训基地建设的分析与探讨 [J]．现代农业研究，2019，41（5）：109－110.

[69] 薛二勇，刘爱玲．京津冀教育协同发展政策的构建 [J]．教育研究，2016，037（11）：33－38.

[70] 肖庆顺，张武升 . 京津冀基础教育协同发展的政策研究 [J]. 北京师范大学学报（社会科学版），2017（2）：6—15.

[71] 李孔珍，李鑫 . 京津冀教育协同发展政策执行的综合模式分析 [J]. 教育理论与实践，2017，37（25）：22—26.

[72] 高兵 . 京津冀区域教育空间布局构想 [J]. 北京教育：高教，2014（6）：18—21.

[73] 王亚杰，陈岩 . 京津冀教育协同与资源共享——以研究生教育为例 [J]. 国家教育行政学院学报，2016（4）：17—22.

[74] 郑国萍，陈国华 . 京津冀教育协同发展供需矛盾及应对策略 [J]. 河北师范大学学报（教育科学版），2017（4）：97—102.

[75] 吴梦林，茹宁 . 区域经济发展视角下京津冀教育协同发展问题研究 [J]. 天津市教科院学报，2017（1）：14—17.

[76] 薛二勇，刘爱玲 . 京津冀高等教育布局结构优化的政策研究 [J]. 高等教育研究，2018，39（8）：43—49.

[77] 杨凤枝.高校教育资源共享动力机制研究 [D].南京:江苏师范大学,2018.

[78] 李欣旖,刘硕,闫志利.京津冀职业教育资源共建共享模式与机制构建研究 [J].新疆职业教育研究,2018,9(2):11—17.

[79] 梁林,曹文蕊,刘兵.京津冀人才资源配置政策仿真和优化路径研究 [J].中国人力资源开发,2019(3):91—100.

[80] 韩亚宁,魏巍.京津冀协同发展背景下河北省高等教育资源优化研究 [J].知识经济,2016(8):143—144.

[81] 侯兴蜀.京津冀协同发展下北京市职业教育资源配置研究 [J].中国职业技术教育,2018(24):5—13.

[82] 张淑娟.京津冀协同发展下张家口高等财会教育资源优化配置与对策研究 [J].中国管理信息化,2019(3):222—223.

[83] 刘兆莹,孟乃杰.京津冀一体化下高校教育资源优化配置研究 [J].中国高新区,2018(4):60.

[84] 冯爱玲.高校新校区教育资源优化配置问题研究

［D］. 西安：陕西师范大学，2007.

［85］曹树真. 论教育的不确定性［D］. 武汉：华中师范大学，2001.

［86］王红. 影响高等教育成本不确定性因素分析［J］. 大连大学学报，2003，24（3）：117－118.

［87］Parlar M. A stochastic production planning model with a dynamic chance constraint［J］. *European Journal of Operational Research*，1985，20（2）：255－260.

［88］Watanabe T.，Ellis H. A joint chance-constrained programming model with row dependence［J］. *European Journal of Operational Research*，1994，77（2）：325－343.

［89］Li Y. P.，Huang G. H. Inexact joint-probabilistic stochastic programming for water resources management under uncertainty［J］. *Engineering Optimization*，2010，42（11）：1023－1037.

［90］Kong X M，Huang G H，Li Y P，et al. Inexact Copula-Based Stochastic Programming Method for Water Resources Management under Multiple Uncertainties [J]. *Journal of Water Resources Planning and Management*，2018，144（11）：04018069. 1—04018069. 10.

[91] Kong X M，Huang G H，Fan Y R，et al. Maximum entropy-Gumbel-Hougaard copula method for simulation of monthly streamflow in Xiangxi river，China [J]. *Stochastic environmental research and risk assessment*，2015，29（3）：833—846.

[92] Kong XM，Zeng X T，Chen C，et al. Development of a Maximum Entropy-Archimedean Copula-Based Bayesian Network Method for Streamflow Frequency Analysis—A Case Study of the Kaidu River Basin，China [J]. *Water*，2019，11，42.

[93] Nelsen R. B. *An Introduction to Copulas* [M]. New York：Springer，2006.

[94] Jaynes E. T. Information Theory and Statistical Mechanics [J]. *Physical Review*，1957，106（4）：620—630.

[95] Jaynes E. T. Information theory and statistical

mechanics. II［J］. *Physical review*，1957，108
（2）：171.

［96］ Shannon C.，Petigara N.，Seshasai S.，et al. A
Mathematical Theory of Communications［J］.
Technical Journal，1948，27（3）：379—423.

［97］ Zhang L.，Singh V. P. Gumbel-Hougaard copu-
la for trivariate rainfall frequency analysis［J］.
Journal of Hydrologic Engineering，2007，12
（4）：409—419.

［98］ 孔祥铭，董艳艳，李薇，等. 最大熵方法在香溪
河流域径流分析中的应用［J］. 水电能源科学，
2016，34（2）：23—26.

［99］ 阳艾利，黄国和，孔祥铭，等. 基于最大熵—
Copula方法的香溪河流域降雨—径流相关性分
析［J］. 南水北调与水利科技，2016，14（1）：
89—94.

［100］ 杨海霞. 区块链与数字货币未来方向——专访
国务院发展研究中心国际技术经济研究所副所
长曲双石［J］. 中国投资（中英文），2019（23）：
24—26.

[101] 张国云．区块链，未来已来［J］．杭州金融研修学院学报，2019（12）：49－52．

[102] 丁宝根，杨树旺，赵玉．"区块链＋高等教育"变革的现实性、问题及建议［J］．现代教育技术，2019，29（7）：45－51．

[103] 黄达明．区块链技术在教育领域的应用现状与展望［J］．南京信息工程大学学报（自然科学版），2019，11（5）：541－550．

[104] 金义富．区块链＋教育的需求分析与技术框架［J］．中国电化教育，2017（9）：62－68．

[105] 刘丰源，赵建民，陈昊，等．基于区块链的教育资源共享框架探究［J］．现代教育技术，2018，28（11）：114－120．

[106] 李鸣，李佳称，孙琳．区块链标准化现状及思路［J］．中国信息安全，2018（5）：96－98．

[107] 马春光，安婧，毕伟，等．区块链中的智能合约［J］．信息网络安全，2018（11）：13－22．

[108] 姚祎．基于区块链技术3.0的财务共享服务模式建设探讨［J］．财务与会计，2019（1）：67－69．

[109] 陈晓玲，罗恺韵．基于区块链的学生档案管理

系统架构［J］. 电子技术与软件工程，2019
（23）：170－171.

［110］ 王伟康. 区块链技术在文档管理中的应用与研究［D］. 南京：东南大学，2018.

［111］ 王显斌. 基于区块链的科学数据共享模型研究［J］. 现代信息科技，2019，3（21）：156－158.

［112］ 马春光，安婧，毕伟，等. 区块链中的智能合约［J］. 信息网络安全，2018（11）：13－22.

［113］ 邢少敏，冯维，王泉景. 基于区块链技术的涉密电子文档保护方案研究［J］. 信息安全研究，2017（10）：884－892.

［114］ 季品一，瞿毓楚，陈雪儿. 供应链金融信息平台中区块链技术运用研究——以美的集团为例［J］. 北方经贸，2019（2）：115－118.

［115］ 区块链——用技术为互联网金融驱"魔"［J］. 中国总会计师，2015（12）：145－147.

［116］ 周立群，李智华. 区块链在供应链金融的应用［J］. 信息系统工程，2016（7）：49－51.

［117］ Sukhwani H，Martinez J M，Chang X，et al. Proceedings of 2017 IEEE 36th Symposium on

Reliable Distributed Systems（SRDS）［C］，September 26－29，2017. America：IEEE，2017.

［118］孟吴同，张大伟. Hyperledger Fabric 共识机制优化方案［J/OL］. 自动化学报：1－14［2020-06-28］. https：//doi. org/10. 16383/j. aas. c190516.

［119］史文斌. 基于 Hyperledger Fabric 的区块链应用系统云服务化［D］. 杭州：浙江大学，2018.

［120］葛倩. 基于云服务的科普资源平台研究与设计［J］. 软件导刊，2015，14（7）：129－131.

［121］周博轩，满毅，刘宁宁，等. 基于 Hyperledger Fabric 的生物数据安全管理［J］. 信息安全与技术，2019（4）：55－60.